AF498186

LES

ÉTUDES RÉCENTES

DE SOCIOLOGIE

PAR

A. FOUILLÉE

DE L'INSTITUT

Extrait de la *Revue Internationale de Sociologie*
IIIᵉ année, Nᵒ 10. — Octobre 1895

PARIS

V. GIARD & E. BRIERE

LIBRAIRES-ÉDITEURS

16, RUE SOUFFLOT, 16

1895

Les études récentes de Sociologie [1]

La sociologie est une science jeune; elle manifeste l'ardeur et parfois aussi les intempérances de la jeunesse; elle a des enthousiastes et
elle a des détracteurs. Ces derniers lui reprochent jusqu'à son nom
hybride, qui ne l'est cependant pas plus que celui de minéralogie. Ils
lui reprochent de ne pas bien se définir elle-même, comme si aucune
science était parfaitement définie. Ils lui reprochent, enfin, de ne pas
avoir encore dégagé avec précision les procédés propres de sa méthode, comme si une science, au début, était obligée de déterminer sa
manière de marcher, autrement qu'en marchant et en laissant au philosophe le soin des spéculations ultérieures sur la méthode. En fait,
d'ailleurs, la sociologie est nettement définie depuis Auguste Comte :
la science qui étudie les lois de la constitution et du développement
des sociétés. Qu'est-ce qu'une société? En quoi diffère-t-elle de l'individu? Quel est le fait social le plus élémentaire? La société est-elle
un organisme vivant ou une simple réunion d'individus? Ses lois
rentrent-elles dans celles de la biologie, ou dans celles de la psychologie, ou constituent-elles un ordre spécial et original de relations?

---

(1) Ces pages ont été lues à l'Académie des sciences morales et politiques,
en juillet 1895.

— Voilà, évidemment, des questions de haut intérêt, très différentes de celles que se posent, soit l'historien, soit l'économiste, soit le politique.

Comte affirme que les faits sociaux sont des faits naturels soumis aux lois naturelles. Avant lui, la conception purement biologique de la société était courante. Bacon et Pascal avaient comparé l'humanité à un seul homme, ses périodes à celles de la vie humaine. Les décou-vertes de la biologie avaient donné à ces métaphores un sens précis et les comparaisons étaient devenues des raisons. Il en était résulté une sorte de confusion de la sociologie avec la biologie : la première ne formait pas une science distincte. Par cela même, on s'en tenait au point de vue individualiste de la société : celle-ci, composée d'indivi-dus, apparaissait elle-même comme un grand individu soumis, en somme, aux mêmes lois biologiques que les autres : la profonde origi-nalité, la spécificité des faits sociaux échappait.

Ce sera la gloire d'Auguste Comte que d'avoir montré dans les faits sociaux une sphère ayant sa valeur propre, ses lois propres, qui ne peuvent pas plus se ramener aux lois ordinaires de la pure physiolo-gie que les lois de la physiologie ne se ramènent aux lois de la pure physique. L'application du darwinisme à la société humaine est un exemple du danger de vouloir réduire une science plus complexe à une autre plus simple, la sociologie à la biologie.

Auguste Comte ne méconnaît pas pour cela la dépendance de la sociologie par rapport à la psychologie, qui elle-même, à ses yeux, rentre dans la biologie. « Puisque, dit-il, le phénomène social, conçu en sa totalité, n'est, au fond, qu'un simple développement de l'huma-nité, sans aucune création de facultés quelconques, toutes les disposi-tions effectives que l'observation sociologique pourra successivement dévoiler devront donc se retrouver, au moins en germe, dans ce type primordial que la biologie a construit par avance pour la sociolo-gie (1) ».

En biologie, on distingue l'organisation, qui est statique, et la vie, qui est dynamique ; de même en sociologie, Comte distingue l'ordre social et le progrès social. Aristote avait déjà presque constitué la théorie de l'ordre social ; d'autre part, depuis le xviiiᵉ siècle, on avait élaboré celle du progrès social ; mais on n'avait jamais présenté ces deux éléments dans leur véritable relation, qui n'est pas un antago-

---

(1) Cours de phil. posit., IV, 333.

nisme, mais une harmonie. A l'époque de Comte, éclectiques et doctrinaires se contentaient de compromis plus ou moins précaires; il fallait arriver à une doctrine rigoureusement scientifique, vraiment positive, où l'ordre fût démontré la base statique du progrès, où le progrès fût démontré le développement dynamique de l'ordre. Comte, dans sa théorie de la société, essaya de concilier tout ce que l'école des conservateurs avait pu dire en faveur de l'ordre, tout ce que l'école des révolutionnaires avait pu dire en faveur du progrès. A vrai dire, il fit pencher la balance du côté de l'autorité ; son principe sociologique n'en demeure pas moins vrai.

Ce sera un des plus grands titres d'Auguste Comte que d'avoir donné à la sociologie non pas seulement un nom (ce qui a déjà son importance pour bien marquer l'individualité et l'originalité d'une étude), mais encore et surtout une constitution scientifique. La France aura ainsi, dans un ordre d'idées qui sont d'intérêt capital, pris l'initiative. L'Angleterre, avec Stuart Mill et Spencer, a suivi l'impulsion et produit des œuvres de premier ordre : Stuart Mill a étudié la méthode de la science sociale; Spencer a fait de beaux essais de description et de systématisation; puis, dans le pays même d'Auguste Comte, comme aussi en Angleterre, on s'est arrêté quelque temps; mais, depuis un certain nombre d'années, la sociologie a repris son importance, et c'est surtout en France que, de nos jours, le mouvement sociologique est considérable.

La définition, la méthode, les faits élémentaires et les grandes lois de la sociologie, ses applications les plus générales et, en un mot, tout ce qui constitue la philosophie de cette science, sont actuellement, chez nous, l'objet de recherches déjà très fécondes en résultats. Pour ne citer que les œuvres les plus récentes et dues aux plus jeunes, on ne saurait méconnaître l'originalité et la force des travaux de M. Gabriel Tarde et de M. Durkheim, qui avaient, d'ailleurs, été précédés par Guyau, M. Espinas, M. de Roberty et d'autres encore. M. Letourneau a publié aussi de bonnes études sur l'évolution de la propriété, du droit, de la civilisation, etc. (1) On sait que la *Revue de Sociologie* a été fondée sous la direction de M. René Worms qui, lui-même, a publié et s'apprête à publier encore d'excellents travaux de sociologie. Enfin, grâce à la même initiative, a été fondé un Institut international de Sociologie dont le premier Congrès, on s'en souvient,

---

(1) Mentionnons aussi, en Belgique, les excellents livres de M. de Greef.

fut tenu à Paris, en octobre 1894, sous la présidence de M. John Lubbock. Ce Congrès donna lieu à des lectures très variées, faites par des savants de divers pays. On trouvera ces lectures reproduites intégralement dans les *Annales de l'Institut international*, avec le beau discours inaugural de M. John Lubbock, qui contient des observations et documents sur les effets sociaux de la lutte des classes, sur ceux de l'instruction et de l'éducation en Angleterre.

Fustel de Coulanges est un de ceux qui ont rendu jadis le plus de services à la sociologie, et cependant sa qualité d'historien professionnel, jointe à son peu de compétence philosophique, lui ferma les yeux à lui-même sur la valeur propre de la science qu'il contribuait à faire avancer. « Depuis quelques années, dit-il, on a inventé le mot sociologie. Le mot histoire a le même sens et signifie la même chose, du moins pour ceux qui le comprennent. L'histoire est la science des actes sociaux, c'est-à-dire la sociologie elle-même. »

— Sans doute, peut-on répondre, l'histoire est ou du moins devrait être la science des actes sociaux; mais il est clair qu'elle les étudie seulement dans leurs manifestations passées, dans les faits de toute sorte qui les ont révélés, sous des formes diverses, à travers les siècles; elle ne les étudie pas en eux-mêmes, dans leurs lois propres, indépendamment des phénomènes et actions contingentes par lesquels ils ont pu se manifester dans le temps. La philosophie même de l'histoire, sans parler de l'histoire proprement dite, n'est qu'une application de la sociologie à l'explication et à l'appréciation du développement de l'humanité; elle n'est pas la sociologie elle-même. Aussi M. John Lubbock a-t-il parfaitement répondu à Fustel de Coulanges dans son discours d'ouverture : « Les hasards, les successions, les dynasties peuvent à peine entrer dans la sociologie, tandis que la discussion des questions touchant l'éducation, la santé, la condition des pauvres et beaucoup d'autres circonstances contribuant en grande mesure à la prospérité et au bien-être de l'humanité, n'ont pas fait pour ainsi dire partie de l'histoire, en tous cas jusqu'à présent. Il y a donc des portions de l'histoire qui ne rentrent pas dans le domaine de la sociologie, et des questions de sociologie ne rentrant pas dans le domaine de l'histoire. Comme il est triste que les historiens aient tellement négligé le rôle social de l'histoire! Nous trouvons des pages et même des chapitres consacrés à des guerres, à des batailles, à des luttes pour le pouvoir, tandis que la condition sociale du peuple est entièrement omise ou traitée en une phrase ou deux. Il est dit que : heureux est le peuple qui n'a point d'histoire. — Point d'histoire! Il ne peut pas y avoir de peuple sans histoire. Il se peut que l'histoire se compose du développement et de la croissance tranquille et silencieuse d'un peuple, mais cela n'en est pas moins une histoire, et elle est, pour cette raison même, plus instructive et plus intéressante (1) ». M. John Lubbock a raison ; on peut seulement dire que lui-même paraît trop absorber la sociologie dans ses applications concrètes à ce qu'on nomme les questions sociales ou à la condition économique du peuple. La sociologie proprement dite étudie les lois mêmes de la vie en société, les formes que cette vie peut prendre, la succession de ces formes, en un mot, répétons-le, toutes les conditions d'équilibre et de mouvement dans les divers groupes sociaux. Elle demande des lumières à l'histoire comme aux autres sciences sociales, mais pour leur en rendre à son tour et pour leur donner surtout une unité de principes, de lois et de but. La sociologie donc est bien une science à part ; elle ne se confond pas plus avec l'histoire que la mécanique ne se confond avec la description des divers états du ciel aux diverses époques cosmographiques.

Dans la préface et dans différents études que les *Annales* contiennent, M. René Worms a fort bien déterminé et il a même, pour son compte, appliqué les règles les plus générales de la méthode en sociologie, règles sur lesquelles on peut dire que l'accord est fait : « 1° considérer tous les phénomènes sociaux comme intimement liés les uns aux autres, sans en omettre aucun dans les recherches ; 2° en l'étude de chacun d'eux, procéder par la méthode objective plutôt que par la méthode subjective, observer, classer, induire, au lieu d'inventer et de construire ; 3° par suite, s'efforcer de bien connaître le monde social tel qu'il est, ce qui, seul, permettra de dire ce qu'il devrait ou devra être ; faire de la science avant de prétendre faire des réformes ; savoir pour agir, mais savoir avant d'agir. »

A l'objet et à la méthode de la sociologie se rattachent, dans le même volume, l'essai de M. Paul de Lilienfeld sur « la méthode organique appliquée à l'étude des phénomènes sociaux », puis le « programme de sociologie » proposé par M. Gumplowicz. Il y aurait, d'ailleurs, de très grandes réserves à faire sur ces deux études, l'une qui exagère la ressemblance des sociétés avec les organismes, l'autre qui prétend réduire la sociologie à une lutte des races ou des groupes sociaux.

---

(1) *Annales*, p. 2.

M. Gumplowicz pose très bien l'objet propre de la sociologie, ou, comme il dit, le « processus naturel » qu'elle doit étudier pour sa part et qui n'est l'objet d'aucune autre science. « Ce sont, dit-il, les mouvements des groupes humains et les influences exercées par eux réciproquement qui constituent le processus naturel formant l'objet de la sociologie. » Mais de cette définition générale, qui est acceptable, le savant autrichien passe tout d'un coup à cette conclusion inattendue, incomplète, qui est une mutilation systématique de l'objet de la sociologie : « Chaque groupe humain, dit-il, tend à s'assujettir d'autres groupes afin d'améliorer, par les services de ceux-ci, son propre bien-être ». Selon M. Gumplowicz, ce sont « les actions et réactions des groupes conquérants et conquis », qui constituent l'objet de la sociologie. A nos yeux, c'est restreindre arbitrairement le lien social que d'y voir un simple *vinculum* imposé par la force. N'y a-t-il dans la société aucun lien de sympathie, d'imitation, de suggestion mutuelle ? N'y a-t-il aucun phénomène d'attraction pacifique, soit entre les sensibilités, soit entre les intelligences, soit entre les volontés ? Tout se réduit-il à la lutte des races et à la guerre ? M. Gumplowicz nous donne un exemple de l'esprit de système poussé à son dernier degré d'exclusivisme ; quelque talent qu'il apporte à soutenir son point de vue propre, quelque vérité partielle qu'il y ait dans son étude de l'élément de *lutte* sociale, on ne saurait lui accorder que l'idée de *coopération* et *d'union* ne soit pas encore plus fondamentale, au point de constituer l'idée sociale elle-même. La lutte est, au fond, anti-sociale, quoique ses effets puissent être finalement utiles. M. Gumplowicz prend pour l'essence de la société ce qui en est la limitation et la négation partielle. Ce qui unit les hommes, non ce qui les désunit, voilà ce qui fait d'eux une société véritable. Dans son ingénieux essai sur *la Justice et le Darwinisme*, M. Jacques Novicow abuse encore, selon nous, de l'idée de la lutte, dans laquelle il fait tout rentrer ; il abuse aussi de ce qu'il y a d'ambigu dans cette expression générale : *le triomphe des meilleurs.*

M. Georges Simmel, un des meilleurs sociologistes d'Allemagne, a apporté aux *Annales* une bonne contribution sur « l'influence du nombre des unités sociales sur les caractères des sociétés. » M. Kovalewsky nous écarte un peu de la sociologie proprement dite, dans sa très savante étude sur le préhistorique en Russie ; M. Galton nous en rapproche davantage en étudiant les déviations physiques et mentales des enfants dans les écoles publiques ; M. Fiamingo aborde la question des « sans-travail » et M. Enrico Ferri, celle du socialisme, qu'il confond très mal à propos avec la sociologie. M. Tœnnies nous présente des considérations sociologiques sur l'industrie moderne, M. de Krauz, sur la psychiâtrie et la dégénérescence ; M. Dorado rapproche la sociologie du droit pénal ; M. Posada étudie l'anarchisme au point de vue sociologique ; M. Combes de Lestrade s'occupe de la division du sol et de ses effets sociaux ; M. Mandello, de l'importance sociologique des agglomérations ; M. Abrikossof, de l'adaptation des individus au milieu social.

Ne pouvant tout passer en revue, nous nous arrêterons à l'essai très important de M. Gabriel Tarde sur la « sociologie élémentaire » qui fait le plus grand honneur aux études françaises de sociologie. Cet essai est tout ensemble une exposition des idées fondamentales de M. Tarde et une critique des idées d'un autre sociologue, lui aussi éminent, M. Durkheim, qui a récemment publié un travail très remarquable sur la méthode sociologique. Ces deux écrivains représentent deux tendances dominantes et contraires de la sociologie actuelle, l'une toute positiviste et objective, qui aboutit à considérer les faits sociaux comme des « choses » indépendantes des volontés humaines et ayant une sorte d'existence à part des individus ; l'autre, qui rattache la sociologie à la psychologie et la considère comme une sorte de psychologie collective. M. Tarde est de ceux qui prennent cette seconde direction.

La conception juridique du lien social est celle qui le ramène à un contrat, explicite ou implicite. A quoi M. Tarde répond qu'on est associé de fait sans avoir jamais contracté, même implicitement. — Mais on pourrait répliquer que le seul fait de vivre et d'agir au sein d'une société quelconque, alors même qu'on est contraint d'y vivre et d'y agir, entraîne, comme conséquence de ce consentement général, d'abord forcé, une série de consentements partiels ; que, en définitive, de bon cœur ou de mauvais gré, on finit par accepter pour son compte la convention sociale, et par essayer d'en tourner les avantages à son profit personnel. Il y a un désir fondamental de vivre en société, qu'il est impossible de mettre ici hors de compte. Donc, sans consentir à une foule de choses qui se passent dans toute société où on a été jeté de fait, on consent à une foule d'autres, et on se résigne à supporter le reste, ce qui est encore une manière d'acceptation « la mort dans l'âme ». Bref, il y a toujours un élément volontaire dans la participation d'un être intelligent à la vie sociale sous une de ses formes et dans un de ses lieux d'action. Et cet élément rationnel est beaucoup plus vraiment social que l'élément imitatif, qui est machinal et si voisin du mécanisme.

De même, la conception économique du lien social le ramène à un échange de services. M. Tarde objecte qu'on est souvent membre de la même société non seulement sans se rendre aucun service, mais même en se nuisant réciproquement. « C'est, dit-il, le cas des confrères, qui presque toujours se font concurrence ». Mais nous répondrons que, si grande que soit une concurrence, elle implique cependant une participation fondamentale aux services mutuels de l'ordre social. La rivalité de deux marchands ne les empêche pas de coopérer, chacun pour leur part, de leur intelligence et de leur argent, au maintien et au développement de l'ordre social et même national. Or, sous ce rapport, ils se rendent des services mutuels, fussent-ils, pour d'autres choses, selon l'expression vulgaire, « à couteaux tirés. »

Tout n'est donc pas faux dans l'idée du service social. « On peut se rendre mutuellement, objecte encore M. Tarde, entre castes hétérogènes, de même qu'entre animaux différents, les services les plus signalés et les plus continus, sans former une société. » Nous ferons observer que, partout où il y a des services conscients et mutuels, il y a un commencement de lien social, alors même que, sous d'autres rapports, on appartiendrait à des sociétés particulières opposées et même ennemies. *Une* société n'est pas *la* société. Celle-ci enveloppe tout ce qui a conscience d'être en mutualité de services, surtout de services volontaires. Il ne nous semble donc pas que le côté économique du lien social doive être négligé.

Enfin, certains sociologues donnent pour propriété caractéristique des actes sociaux d'être imposés du dehors par une contrainte quelconque, prenant une forme quelconque, depuis celle de la peine jusqu'à celle de la simple coutume ou mode. Ici, c'est le côté déterminant de la société, non plus le côté volontaire, qui est mis en avant, et nous prenons une direction tout autre. Si M. Durkheim voulait dire que la force collective est ce qui constitue le lien social, se sera't une exagération notoire ; mais nous pensons qu'il veut seulement désigner sous le nom de *contrainte* collective tout ce qui exerce collectivement une influence déterminante sur l'individu, par quelque moyen que cette influence se manifeste. Il s'agit, selon nous, d'un déterminisme collectif. Or, ce point de vue a aussi sa vérité. Le principe même de l'imitation, mis en avant par M. Tarde, lorsqu'il aboutit à l'imitation-coutume, à l'imitation-mode, est une forme de détermination de l'individu par la collectivité.

Il ne nous semble donc pas que M. Tarde ait suffisamment dégagé ce qu'il pouvait y avoir de vrai dans les principes différents du sien. Quant à ce dernier même, il ne nous paraît pas aussi fondamental qu'il le suppose. Sans doute, on trouve partout dans la société humaine l'imitation, comme aussi parmi les singes. Et on peut se demander si un singe qui imite ce qu'un homme fait devant lui accomplit, pour cela, l'acte fondateur du lien social. Nous en doutons fort. Dans un troupeau de singes, dit M. Tarde, de chevaux, de chèvres, d'abeilles même et de fourmis, le chef donne l'exemple de l'acte qu'il ordonne *in petto*, et le reste du troupeau l'imite. — Sans doute, mais, outre la simple imitation machinale, qui n'est qu'un moyen, il y a ici une intention commune d'échapper à un commun danger ou de prendre un commun plaisir, ne fût-ce que le plaisir d'agir ensemble, de crier, de gesticuler, de bondir ensemble. Et c'est ce désir commun, avec l'idée ou l'image du groupe toujours présent à l'esprit de chaque individu, qui établit entre les individus divers un commencement de lien social; ce n'est pas le fait brut de l'imitation.

Sans vouloir entrer à fond dans l'examen du problème, il nous semble donc que la société est constituée indivisiblement par un ensemble de nécessités collectives et par un consentement individuel, plus ou moins implicite, à ces nécessités. Il y a à la fois de l'involontaire et du volontaire dans le lien social, et l'individu doit avoir, fût-ce sous une forme confuse et inconsciente, le sentiment et l'intention de son lien avec autrui, pour faire vraiment partie d'une société digne de ce nom. Pas de société sans un désir d'union plus ou moins conscient et sans une représentation plus ou moins vague du tout dont on fait partie.

Selon M. Tarde, il y a deux faits psychologiques qui, quand ils passent par imitation d'un individu à l'autre, deviennent des faits sociaux : les croyances et les désirs. Un système de croyances et de désirs imités et propagés, voilà ce qui constitue le fond même de la sociologie; mais les croyances et les désirs mêmes qui en dérivent ou s'y joignent ont leurs lois logiques; il y a donc une logique sociale, par laquelle s'expliquent une multitude de phénomènes sociaux, qui même se retrouve dans tous les phénomènes sociaux, comme une de leurs conditions les plus essentielles.

C'est l'étude de cette logique, de ses lois et de leurs principales applications que M. Gabriel Tarde a tentée dans son dernier livre sur la *Logique sociale*. Entreprise nouvelle et de haute importance; ce serait déjà un mérite de l'avoir conçue; à plus forte raison en est-ce un, que de l'avoir, en partie, menée à bonne fin avec un talent très supérieur, un savoir étendu et varié, une ingéniosité d'esprit qui va jusqu'à une subtilité souvent nécessaire, une vaste imagination qui entraîne à des analyses ordinairement heureuses, parfois hasardeuses ; en même temps que le goût de l'analyse, une faculté de synthèse et de systématisation à laquelle se reconnnait le vrai philosophe : voilà les qualités bien connues de M. Tarde, dont ce nouvel ouvrage nous fournit une preuve éclatante.

Une autre question, à laquelle les études récentes de sociologie apporteront de la lumière, c'est celle du progrès social. Autrefois, la société humaine s'était proposé un idéal fixe, sans concevoir de progrès. A partir du xviie siècle et surtout au xviiie, on se proposa un idéal infini, on rêva un progrès illimité. L'école de Saint-Simon et de Comte, mettant à profit les conceptions nouvelles des sciences biologiques, comprit que les lois de la vie et du progrès étaient subordonnées à la structure même des sociétés et que celle-ci ne varie pas sans limites ni au gré des volontés. Comme Kant, Auguste Comte admet la loi de continuité. « Il faut, dit-il, concevoir chacun des états sociaux consécutifs comme le résultat nécessaire du précédent et le moteur indispensable du suivant. » Comte a le mérite d'avoir vu que les développements spéciaux de l'activité humaine ne sont pas des époques *successives* de l'histoire, et que l'évolution sociale est, selon ses propres termes, un mouvement général collectif, résultant de la corrélation entre les mouvements particuliers qui la constituent. Reste à savoir quel est, dans le mouvement social, l'élément dominateur. On sait que Comte l'a cherché dans l'intelligence ; il a conçu l'histoire de la société comme réglée par l'histoire de l'entendement humain. De là d'importantes discussions, que nous voyons se prolonger de nos jours. Selon l'école sociologique qui attribue aux éléments objectifs l'influence prépondérante, pour ne pas dire unique, la vie intellectuelle et consciente n'a pas l'importance que Comte suppose : la principale influence appartient à la vie organique et inconsciente, résultant elle-même des acquisitions séculaires les plus lointaines, fixées et intégrées dans les institutions, les coutumes, les lois, l'état économique, etc. Dans les sociétés comme dans les individus, les centres supérieurs de l'organisme, ceux de l'encéphale, ont pour fonction de coordonner la vie consciente, celle qui n'est pas encore incorporée à la vie automatique ou qui ne le sera jamais (1) ; Comte revenait, sans s'en douter, à la

---

(1) De Greef, *Transformisme social*, p. 224.

philosophie idéaliste, quand il admettait que les idées et les opinions gouvernent le monde. — Pourtant, Auguste Comte ne méconnaissait pas la pression du passé sur le présent, puisqu'il admettait que le gouvernement des sociétés est exercé encore moins par les vivants que par les morts, beaucoup plus nombreux, beaucoup plus puissants et qui contribuent ainsi pour une plus large part à la formation du grand être humanitaire. En outre, dans l'organisme même de l'individu, est-il vrai que la vie végétative et animale soit vraiment directrice? — Fondamentale, oui sans doute, mais dirigeante, non ; elle est au contraire dirigée. C'est la tête, après tout, qui mène le corps ; sans doute elle ne peut pas lui faire accomplir ce dont il est organiquement incapable ; mais la plasticité du cerveau est bien connue et, dans le domaine soumis à la volonté, les idées reprennent leur empire. Bien entendu, il ne s'agit pas d'idées pures et abstraites, mais d'idées développant des sentiments. Ce sont celles-ci qui constituent les vraies idées-forces. Un ferment, a-t-on dit, suffit pour produire une décomposition de forces et amener une recomposition ; l'idée sert de ferment ; son action n'est pas toujours visible, mais elle a un pouvoir de destruction et de rénovation.

Une notion qui joua un rôle capital dans le positivisme, c'est celle d'organisation, opposée à l'idée de liberté individuelle et de critique destructive. Pour le positiviste, l'organisation a, par elle-même et en elle-même, une valeur, parce que, dans l'ordre intellectuel, elle est un lien d'idées, dans l'ordre social, un lien de sentiments et de volontés. Pour les fondateurs de la sociologie, cette idée ne pouvait manquer de passer au premier plan. Saint-Simon parle sans cesse d'organiser : organisation de l'industrie, organisation de la science, organisation de la religion. Auguste Comte distingue, dans le progrès social de l'humanité, les époques critiques, où l'on soumet tout à l'examen pour préparer, par la destruction de l'ancien, l'avènement du nouveau, et les époques organiques ou d'intégration, où une nouvelle forme de société prend vie, prend corps.

Dans l'état organique, la variété est ramenée à l'unité : tous les faits de l'activité humaine sont classés, prévus, coordonnés par une théorie générale, où le but de l'action sociale est nettement défini. Dans l'état critique, la lutte des individualités, des libertés, des opinions et directions diverses devient prédominante. Selon Saint-Simon, il y a eu un état organique antérieurement à l'ère gréco-romaine, qui est philosophique et critique ; la constitution de l'église chrétienne représente la deuxième période organique ; avec la Réforme commence la période critique où nous nous débattons encore. Cette conception a l'avantage de concilier la notion du progrès avec l'existence des périodes régressives ; mais les divisions tranchées sont impossibles ; il y a toujours en même temps des phénomènes de progression et d'autres de régression (1). Dans nos sociétés modernes, principalement, on ne saurait s'attendre à une stabilité générale comme celle de l'antique Orient. Les mouvements deviennent de plus en plus rapides et se produisent en tous sens. Stabilité absolue et absolue instabilité seraient d'ailleurs également mortelles.

Le Moyen-Age, à première vue, semble une décadence par rapport à l'antiquité : mais, ce qui constitue en lui un véritable progrès, c'est l'organisation spirituelle si puissamment établie par le catholicisme et qui, du domaine des idées et croyances, passa dans le domaine temporel, politique et social. Notre époque, aux yeux de Comte, n'est encore que critique : la science est en train de détruire l'ancien ordre d'idées et d'institutions, sans avoir pu encore faire surgir le monde nouveau ; mais une époque viendra de science et de philosophie positive, où se produira un nouvel organisme spirituel et social, bien supérieur encore, par sa cohésion, à celui du Moyen-Age et qui en aura tous les avantages sans en offrir les inconvénients. La philosophie scientifique renouvellera, par le savoir positif, les merveilles de la foi transportant les montagnes.

Comte admet finalement une évolution continue du genre humain, qui consiste dans une réalisation toujours plus complète de la nature humaine, et le problème qu'il traite est de trouver l'ordre de cette évolution (2). A quoi on a objecté : — Si cette évolution existe, la réalité n'en peut être établie que la science une fois faite. De plus, ce progrès sériaire et continu de l'humanité n'existe pas. Des sociétés particulières, formant des individualités distinctes, naissent et meurent sans que leur chute forme une série géométrique où chaque terme prolonge l'autre (3).

A en croire M. Durkheim, les étapes que parcourt l'humanité ne s'engendrent même pas les unes les autres. « On comprend bien que les progrès réalisés à une époque déterminée dans l'ordre juridique, économique, politique, etc., rendent possibles de nouveaux progrès ;

---

(1) M. de Greef a insisté sur ces derniers. Voir son *Transformisme social*.
(2) Durkheim, la *Méthode sociologique*.
(3) Durkheim, *ibid*.

mais en quoi les prédéterminent-ils ? Ils sont un point de départ qui permet d'aller plus loin ; mais qu'est-ce qui nous incite à aller plus loin ? Il faudrait admettre alors une tendance interne qui pousse l'humanité à dépasser sans cesse les résultats acquis, soit pour se réaliser complètement, soit pour accroître son bonheur, et l'objet de la sociologie serait de retrouver l'ordre dans lequel s'est développée cette tendance ». Or, ajoute M. Durkheim, cette tendance n'est pas « donnée elle n'est que « postulée et construite par l'esprit d'après les effets » ; qu'on lui attribue. C'est une sorte de faculté motrice que nous imaginons sous le mouvement pour nous en rendre compte ; « mais la cause efficiente d'un mouvement ne peut être qu'un autre mouvement, non une virtualité de ce genre (1). » Ce raisonnement exclut du nombre des facteurs de l'évolution sociale tous les facteurs psychiques, idées et — désirs. — Mais, répondrons-nous, il n'est pas besoin d'admettre une virtualité, une tendance occulte au bonheur pour comprendre que, en fait, les hommes recherchent le plus grand bonheur possible, qu'ils ont des idées et des sentiments qui les mènent, etc. M. Durkheim oppose la conscience collective à la conscience individuelle, tout en reconnaissant qu'on ne peut « hypostasier » la première. Les états qui constituent la conscience collective diffèrent, dit-il, spécifiquement de ceux qui constituent les consciences particulières, parce qu'ils ne sont pas formés « des mêmes éléments ». Les uns résultent de la nature de l'homme pris isolément, les autres de la combinaison d'une pluralité d'êtres de ce genre. « Les résultantes ne peuvent donc pas manquer de différer, puisque les composants diffèrent à ce point (2). » — Sans doute, mais les résultantes se produisent dans des consciences individuelles ; elles sont la partie de ces consciences où retentit l'action des autres consciences et des conditions sociales. Il nous semble donc impossible d'exclure, avec M. Durkheim, les considérations psychologiques du domaine propre de la sociologie.

En somme, la sociologie fait de nos jours d'incontestables progrès ; elle a seulement besoin de délimiter mieux son objet et sa méthode, de ne pas se perdre dans les recherches voisines telles que la morale, le droit, l'économie politique, la politique, l'ethnographie, l'anthropologie, l'histoire ; de ne pas oublier, dans l'étude de ce qui n'est pour

---

(1) Durkheim, p. 144.
(2) Durkheim, p. 128.

elle que des matériaux, l'édifice qu'elle doit construire. Mais on ne peut demander à une science qui débute la même sûreté et la même précision qu'à une science déjà en grande partie constituée et isolée des autres ; de la confusion qu'offrent aujourd'hui les recherches de nos savants, l'ordre sortira et les questions dites sociales, en devenant sociologiques, deviendront scientifiques.

3e Année.　　　　N° 10.　　　　Octobre 1895.

REVUE INTERNATIONALE

DE

SOCIOLOGIE

PUBLIÉE TOUS LES MOIS, SOUS LA DIRECTION DE

RENÉ WORMS

Secrétaire général de l'Institut international de Sociologie

AVEC LA COLLABORATION ET LE CONCOURS DE

MM. **Ch. Andler**, Paris. — **A. Asturaro**, Gênes. — **A. Babeau**, Troyes. — **M. E. Ballesteros**, Santiago. — **P. Beauregard**, Paris. — **R. Bérenger**, Paris. — **M. Bernès**, Montpellier. — **J. Bertillon**, Paris. — **A. Bertrand**, Lyon. — **L. Brentano**, Munich. — **Ad. Buylla**, Oviedo. — **Ed. Chavannes**, Paris. — **E. Cheysson**, Paris. — **J. Dallemagne**, Bruxelles. — **C. Dobrogeano**, Bucarest. — **P. Dorado**, Salamanque. — **M. Dufourmantelle**, Paris. — **L. Duguit**, Bordeaux. — **P. Duproix**, Genève. — **A. Espinas**, Paris. — **Fernand Faure**, Paris. — **Enrico Ferri**, Rome. — **G. Fiamingo**, Rome. — **A. Fouillée**, Paris. — **A. Giard**, Paris. — **Ch. Gide**, Montpellier. — **P. Guiraud**, Paris. — **Louis Gumplowicz**, Graz. — **M. Kovalewsky**, Moscou. — **F. Larnaude**, Paris. — **Ch. Letourneau**, Paris. — **E. Levasseur**, Paris. — **P. de Lilienfeld**, Saint-Pétersbourg. — **J. Loutchisky**, Kiew. — **John Lubbock**, Londres. — **J. Mandello**, Budapest. — **L. Manouvrier**, Paris. — **H. Marion**, Paris. — **P. du Maroussem**, Paris. — **T. Masaryk**, Prague. — **Carl Menger**, Vienne. — **G. Monod**, Paris. — **F. S. Nitti**, Naples. — **J. Novicow**, Odessa. — **Ed. Perrier**, Paris. — **Ch. Pfister**, Nancy. — **Ad. Posada**, Oviedo. — **O. Pyfferoen**, Gand. — **A. Raffalovich**, Paris. — **G. Renard**, Lausanne. — **E. van der Rest**, Bruxelles. — **M. Revon**, Tokio. — **Th. Ribot**, Paris. — **Ch. Richet**, Paris. — **V. Rossel**, Berne. — **Th. Roussel**, Paris. — **H. Saint-Marc**, Bordeaux. — **A. Schæffle**, Stuttgart. — **F. Schrader**, Paris. — **G. Simmel**, Berlin. — **Jules Simon**, Paris. — **C. N. Starcke**, Copenhague. — **G. Tarde**, Paris. — **J.-J. Tavares de Medeiros**, Lisbonne. — **A. Tratchewsky**, Saint-Pétersbourg. — **E. B. Tylor**, Oxford. — **I. Vanni**, Bologne. — **J. M. Vincent**, Baltimore. — **P. Vinogradow**, Moscou. — **R. dalla Volta**, Florence. — **E. Westermarck**, Helsingfors. — **Emile Worms**, Rennes. — **L. Wuarin**, Genève.

Secrétaires de la Rédaction : **Ed. Herriot.** — **Al. Lambert.** — **Fr. de Zeltner.**

Abonnement annuel : France, 18 fr. — Étranger, 20 fr.

PARIS

V. GIARD & E. BRIÈRE, ÉDITEURS

16, RUE SOUFFLOT, 16

1895

LIBRAIRES CORRESPONDANTS :

Benda (B.),	à Lausanne.	Loescher & C°,	à Rome.
Brockhaus (F. A.),	à Leipzig.	Mayolez (O.) & J. Audiarte,	à Bruxelles
Feikema Caarelsen & C°,	à Amsterdam.	Nutt (David),	à Londres.
Férin & C°,	à Lisbonne.	Samson & Wallin,	à Stockholm
Gerold & C°,	à Vienne.	Stapelmohr (H.),	à Genève.
Haimann (Ig.),	à Bucarest.	Stechert (G. E.),	à New-York
Kilian's (F.),	à Budapest.	Van Fleteren (P.),	à Gand.
Kramser & fils,	à Rotterdam	Van Stockum & fils,	à La Haye.

SOMMAIRE DU N° 10.

La Revue paraît tous les mois par fascicules d'au moins 80 pages gr. in-8°.

Les abonnements partent du 1er Janvier de chaque année.

Abonnement annuel — France : 18 fr. — Étranger : 20 fr.

Les communications relatives à la rédaction doivent être adressées à M. RENÉ WORMS, directeur, au bureau de la Revue, 16, rue Soufflot, Paris.

Les communications relatives à l'administration, à MM. V. GIARD et E. BRIÈRE, éditeurs, même adresse.

Les manuscrits insérés dans la *Revue* deviennent sa propriété, et ne peuvent être reproduits sans son autorisation.

Tout ouvrage relatif à la Science Sociale dont il est envoyé deux exemplaires au bureau de la *Revue*, est signalé et analysé.

Les ouvrages de Science sociale, annoncés et analysés dans la Revue Internationale de Sociologie, *et en général tous les autres ouvrages, se trouvent chez MM. V. GIARD et E. BRIÈRE, libraires-éditeurs, 16, rue Soufflot, à Paris.*

V. GIARD & E. BRIÈRE, ÉDITEURS, 16, RUE SOUFFLOT, PARIS.

ANNALES

DE

L'INSTITUT INTERNATIONAL

DE

SOCIOLOGIE

PUBLIÉES SOUS LA DIRECTION DE

RENÉ WORMS

SECRÉTAIRE GÉNÉRAL

I

TRAVAUX DU PREMIER CONGRÈS

Tenu à Paris, en Octobre 1894

Ce volume, de xxx-388 pages in-8°, contient les statuts et la liste des membres et associés de l'Institut International de Sociologie, le compte-rendu de son congrès de 1894, les mémoires (reproduits in-extenso) qui y ont été présentés et qui sont dûs à MM. Abrikossof, Combes de Lestrade, Dorado, Enrico Ferri, Fiamingo, Douglas Galton, Louis Gumplowicz, Maxime Kovalewsky, C. de Krauz, P. de Lilienfeld, John Lubbock, J. Mandello, J. Novicow, Posada, Simmel, G. Tarde, Tœnnies, Émile Worms et René Worms, avec le résumé des discussions auxquelles ils ont donné lieu.

Un volume in-8°. Prix. . .7 francs.

Prix réduit pour les membres et associés de l'Institut International de Sociologie et pour les abonnés de la *Revue Internationale de Sociologie,* **5 fr. 25.**

Le tome II des Annales, contenant les travaux du second Congrès

PARAITRA PROCHAINEMENT

V. GIARD & E. BRIÈRE, LIBRAIRES-ÉDITEURS, 16, RUE SOUFFLOT, PARIS.

BIBLIOTHÈQUE

SOCIOLOGIQUE INTERNATIONALE

PUBLIÉE SOUS LA DIRECTION DE

RENÉ WORMS

Secrétaire général de l'Institut International de Sociologie.

Cette collection se compose de volumes in-8°, reliure riche.

Les premiers volumes sont sous presse. Paraîtront successivement :

RENÉ WORMS : *Organisme et Société.*

PAUL DE LILIENFELD, membre de l'Institut International de Sociologie : *La Pathologie sociale.*

FRANCESCO S. NITTI, professeur à l'Université de Naples, membre de l'Institut International de Sociologie : *La Population et le Système social*, ouvrage traduit de l'italien, avec l'autorisation de l'auteur, par TH. DISPAN DE FLORAN.

LOUIS GUMPLOWICZ, professeur à l'Université de Graz, vice-président de l'Institut International de Sociologie : *Sociologie et Politique*, ouvrage traduit de l'allemand, avec l'autorisation de l'auteur, par ALFRED BONNET.

ADOLFO POSADA, professeur à l'Université d'Oviedo, membre de l'Institut International de Sociologie : *Théories modernes sur l'origine de la Famille, de la Société et de l'État*, ouvrage traduit de l'espagnol, avec l'autorisation de l'auteur, par FR. DE ZELTNER.

MAXIME KOVALEWSKY, ancien professeur à l'Université de Moscou, vice-président de l'Institut International de Sociologie : *Les Questions sociales au Moyen-Age.*

JACQUES NOVICOW, membre et ancien vice-président de l'Institut international de Sociologie : *Conscience et Volonté sociales.*

JULES MANDELLO, chargé de cours à l'Université de Budapest, membre de l'Institut International de Sociologie : *Essai sur la méthode des Recherches sociologiques.*

Beaugency. J. Laffray, imprimeur.

9 782329 634210